꽃이 피다

이승용 시집

시인의 말

잔 다르크의 눈으로 세상을 살았다

가까운 어른들의 죽음으로 전투를 멈추었고
후회 없는 이별을 했다

떠나보낸 뒤에 무기력이
그들 죽음 언저리를 맴돌다 번아웃 되었다

숨 쉬기가 어려워 꽃 주변을 맴돌았고
달은 나와 더 가까워졌다
기대고 바랐던 소망은 언제나 달의 몫

당신이 나타나 떠오르고 싶었다
정확히 괜찮은 당신과 살고 싶다.

2022년 5월
이승용

차 례

🍎 시인의 말 / 3

해바라기의 눈 —— 9
개미의 방 —— 10
공황 장애 —— 12
적요寂寥 —— 13
벌레들의 집 —— 14
푸른 나무의 기억 —— 15
첫 눈 —— 16
커피 한 잔의 명상 —— 18
아름다운 이별 —— 19
고리 —— 20
빛 바라기 —— 22
한련화 —— 23
꽃이 피다·1 —— 24
꽃이 피다·2 —— 25
만일 —— 26
사람과 집 —— 27
꿈을 위한 기도 —— 28
초록대문 —— 29
소파와 책상 —— 30
노란 민들레 —— 31
결로結露 —— 32

세대교체 —— 34
삶은 감자 —— 35
파초의 계절 —— 36
빚은 대로 색색 —— 38
장마 —— 39
안마의자 —— 40
시든 꽃 —— 42
배 밭 과수원 —— 44
마음의 토양 —— 45
달맞이 꽃 —— 46
두 귀의 고백 —— 47
느티나무 —— 48
노팅 힐 교회 앞에서 —— 49
주산지 —— 50
사이 —— 51
아버지의 저녁은 가고 —— 52
암흘 —— 53
독거노인 —— 54
살구의 생 —— 55
아리랑 고개 —— 56
화장터에서 —— 57
유품 정리 —— 58
있음의 미학 —— 59
젖배사랑 —— 60

마삭줄 —— 61
남과 여 —— 62
냄새의 힘 —— 63
걸음 —— 64
아버지의 아침 —— 65
명자의 크리스마스 —— 66
덕분에 —— 67
위로 —— 68
본적이 같은 —— 69
겸허의 발 —— 70
번지 점프 —— 71
연해주 가는 길 —— 72
그럼에도 불구하고 —— 74
가을 접이 —— 75
불꽃 —— 76
울타리 —— 77
장마는 지나갔다 —— 78
어찌 살든 내 몫 —— 79
옥상 정원 —— 80
옥상 편지 —— 81
평생 —— 82
터널 —— 83
언약의 양면 —— 84
침상의 언어 —— 85
어머님 전상서 —— 86

당신은 봄 —— 87
바닥 —— 88
돌의 기억 —— 89
홀로 —— 90
가을에 당신이 오신다면 —— 91
북극성 —— 92
한 생각을 더하여 —— 93
병상의 기억 —— 94
잔치국수 —— 96
두부 —— 97
나무 놀이터 —— 98
메주 —— 99
꽃밭에 앉아 —— 100
얼굴 조각상 —— 101
그네 —— 102
메밀꽃 길에서 —— 103
기차 —— 104
원형 탈모 —— 105
갈담리 처녀 —— 106
촉감의 언어 —— 107
서리태 한 말 —— 108
마음 말 —— 109
운산 가는 길 —— 110
휴전선 —— 111

용인 장날 —— 112
봄으로 몸이 기운다 —— 113
치매 —— 114
소금의 유언 —— 116
돋보기 —— 117
치통 —— 118
어둠이여 안녕 —— 119

해바라기의 눈

오래도록 뒤꼍을 지켜온 해바라기 한 그루
땅의 힘을 믿고 굵어져
해마다 큰 얼굴의 파수꾼이 되었다
종일 햇빛 속에 노랗게 익어간
마흔 해 내력들이 빼곡한 뒷마당이다
요지부동이었던 아버지 고집처럼
모난 진심을
까만 한숨을 촘촘히 매달고 있다
파릇한 잡초를 닮아가는 여식들과
등잔 밑에서 기를 펴지 못한 사내자식들처럼
넘어서지 못한 아버지였기에
등을 돌리거나 비굴한 자식이었다
그늘이나 그늘 밖이나
가장 낮은 바닥에서 가장 높은 하늘을 오락가락
짱짱한 기운으로 모호했던 생의 뒤란을
대신 밝히고 있다.

개미의 방

지면과 맞닿은 틈에서 쏟아져 나오는 개미떼를 본다
무엇 찾아 저리 무리 지어 가는지
내가 찾으려 했던 것은 무엇인지 보이지 않고
검은 태도들이 나를 에워싸고 있다
어둠의 색을 끌고 나오는 저주의 몸짓 같아
팔의 통증이 개미떼임을 알려 준다
움직임이 빨랐던 나보다 더 활기가 넘친다
분주했던 삶에서 나오는 불행한 냄새가 정도를 떠나
개미 입맛에 맞게 푹 절여온 것이다
가장 부지런한 곳에서 닮은 개미가 터를 넓힌다
살기 위한 몸부림이 개미의 몸이 된다
터널에 갇힌 수족은 개미의 먹이가 된다
몸의 길들을 막고 파고드는 개미떼의 반란
다시는 무게를 들지 마라 한다
누군가의 먹이가 되는 일이 누군가의 길이 되어
내가 사라지는 슬픈 예감은 개미의 색을 띠고 있다
소리조차 먹어 치우던 영역에서
가장 무르게 체온을 내린 팔 잘린 토르소가 된다
제 몸도 믿을 수 없는
감각 없는 수족에게
몇 개의 방이 더 생길 것 같은 불안

팔을 주무른다
이미 죽은 듯한 말초신경을 달리는 개미의 행적
두 팔에서 개미들이 팔팔하게 길을 넓히고 있다
묶인 채로 끌려 다니던 나의 웃음은 너무 슬펐다.

공황 장애

꿈꾸는 일이 속없는 여자인 줄 알았다면
나 너에게 뛰어들지 않았을거야

무덤덤한 날이 많아 나의 가슴은 무덤을 닮아가
무엇을 도려내려 애쓰던 무던함인지 무심함인지
덤이었던 몸 하나 내려놓으면
아픈 영혼은 날아가 진짜 무덤이 되잖아
반달 보름달 둥둥 땅에서도 하늘에서도
나는 너의 달을 만들어
세상에 없는 얼굴 달빛에 그리며
시간 밖 다시 흐를 것 같은 은하를 기다리지
아버지 점심상에 흘러나오던 '흙에 살리라' 처럼
끝난 후에도 세상의 소리를 듣는 귓바퀴처럼
고른 숨결은 노래를 듣지

꿈꾸는 일이 잠보다 달아 늘 넘어지는 숨
한숨조차 내뱉지 못해 마디가 되는 숨

넘어지기 전에 너머로 가는 결은 무사한가요
그러는 당신, 잠은 잘 자나요
숨은 잘 쉬나요.

적요寂寥

 몇 호 안 되는 시골마을 중앙에 자리 잡은 초록대문 울타리엔 초록 잎과 빨강 꽃 흐드러진 명자나무 한 그루 담장을 넘고 있다 주간보호센터에서 색칠하는 그림 속에 얼룩이 되어 노래 부르기와 체조로 살아있는 재미가 뒤뚱거린다 오후 세 시에 돌아오는 독거노인의 발걸음이 느리게 제 몸 같은 집 한 채를 열고 들어선다 오늘따라 왼쪽 무릎이 아프다며 둥근 몸을 누이면 소소한 일과마저 하루의 큰일을 치른 듯 지친 몸에 단잠 내린다 기찻길 밖까지 걸어 나갈 일 없는 독거 마을은 여여한 걸음으로 심심한 햇살만 나뒹구니 보폭 짧은 걸음에 꺾어 신은 뒤창 따라 저녁어스름 그물처럼 당겼다 풀었다 주춤거리듯 기웃한 걸음이다 먼저 간 영감의 그놀은 더 이상 그늘을 만들지 않아 오후는 늘 무음처럼 환하다 그늘과 그물이 하나이듯 안채에서 들려오던 배 호 선생의 안녕으로 먼저 간 지아비의 달콤한 고백을 위로 삼아 모로 누우면 등줄기를 타고 스르륵 열리듯 그늘로 다가오는 영감님의 흥얼거림이 허리를 쓸어내려 그물을 치니 옷자락 슬슬 끌어당기는 얕은 꿈길 어디쯤 나들이 가는지 코로 숨 쉬는 소리 발자국처럼 보폭이 일정하다.

벌레들의 집

  문틀과 벽 사이로 드나드는 집에 틈을 잘 아는 놈들의 행적이 보인다 햇살 한 줌으로 밝혀줄까 오래된 먼지와 오래된 냄새가 만든 오래된 집 벌레들의 꿈도 오랜 역사를 가지고 있겠다 그들 침묵은 부드러워 낮잠을 베개 삼아 빛을 등지다 눅눅한 저녁 기운으로 드러내는 야행의 몸짓 발 빠른 은자의 길은 얼마나 은밀한지 감히 따라가지도 눈을 뗄 수도 없는 이들이야 말로 제 집 드나들 듯 점령한 고가의 참 주인이다 봉인된 그들의 안채는 또 얼마나 아늑할까 주야를 막론하고 신출귀몰한 저들 족적마다 박멸이란 말은 멀기만 하니 얼마나 사람이 우습게 보일까마는 틈을 보이지 않던 나도 벌레를 능가할 틈이 없다 내게 깃든 생의 먼지와 냄새를 무기로 그들의 길을 따라간다 나도 한 때 냄새 나는 사람이었고 틈 많은 사람이었기에 오늘만은 은자의 집에 들고 싶다고 벌레의 일가가 된다.

푸른 나무의 기억

꿈속에서 형광 빛 푸른 나무를 보았네
나무아래 네모난 돗자리 앉아
모나지 않는 이야기와 동그란 웃음소리 들었지
하늘 가득 뻗어나간 줄기만큼 이야기도 창창했지
깔깔 웃는 현실의 내가 아니어서
밖으로 나온 뒤에도 한참이나 먹먹했네
먹먹함에 배어 있는 어떤 슬픔이 막막했네
나뭇잎 한 장에 앉아 있는 햇살마냥
선잠 깬 아이마냥 그만 눈물이 돌아
들어볼 수 없던 따뜻한 말들을 가지고 놀았네
안쪽에선 속삭임이 되고 밖에선 울림이 되던
꿈 아니었던 날과 꿈이었던 날이 뒤엉켜
다정을 품은 말이 허공으로 날아다녔네
꽃 빛을 닮은 어떤 이의 눈빛을 받아 읽어내느라
주위는 새하얀 꽃말이 넘쳤는데
베갯속 메밀 부딪히는 소리
꿈 밖에서도 사근사근 속삭였네
푸른 나무와 하얀 메밀 꽃밭 어느 동산의
아직도 기억하는 선명한 그림이었네.

첫 눈

햇살 좋은 하루 날 잡아 온 습지 공원
말 없는 숨이 결 고르며 걷는다
뜻밖의 첫 눈 내리니
설레던 날의 가장 중심에 닿았던 숨결처럼
포근했던 겨울이, 차가웠던 이별이
연이어 손등에 앉는다
봄볕을 잃어버려 얼마나 오래 들끓고 살았는지
잡을 수도 볼 수도 없는
오감이 멈춰버린 시간은 언제나 겨울이었지
나 오래도록 얼어있지 않았던가
손으로 눈으로 읽던 다정이
슬픔으로 녹은 뒤에도
나 흐르고 흘러 삶을 질펀하게 적셔 다 마를 때까지
벚꽃이었고, 수국이었고, 이팝이었던
우리의 계절은 식을 줄 모르는 온기로 충분했지
몇 번의 첫 눈이 와도 당신은 여전히 나의 첫 눈
두 손이 어울렸던 세상 어디에도 없는
따뜻한 눈길이 처음 보는 길을 내었지
서로를 알아보는 눈이 세상에 없는 세상을 만들어
내가 당신으로 살아 숨 쉬는 이유가 대낮이었던,
지난 기억을 들추는 일이 아직도 온기 남아

젖은 눈은 알고 있다는 듯 너의 눈으로 걷는다
길게 눕던 꿈처럼 어둠을 덮던 이불처럼
속잠을 자듯 한 겨울 두 겨울 나고
봄을 기억하는 겨울 오면 몸 풀린 내가 될까
울다 지쳐 잠든 이불속 아이처럼
배고픈 듯 무표정한 눈으로 깨어나 다시 봄을 볼까.

커피 한 잔의 명상

캡슐 커피 한 잔을 내린다
이미 떠나온 원두의 동그란 기억
내 푸르던 날은 아주 먼 옛날이었고
캄캄했던 저 쪽의 어둠이
아프리카로 케냐로 칠레로 온다
우아하게 마시는 일도 먼 곳 그들에 대한 예의
받침이 된 두 손은 타인을 위한 손이었다
오래도록 어둠을 마셨다
내미는 일에 익숙한 손은 몇 개의 관념과 기도로
오지 않을 당신을 기다렸다
결정체라고 믿었던 결정을 미루며
가보지 못한 먼 꿈을 접듯
당신을 접어 막연을 날렸다
돌아앉은 나는 아침 없는 나라를 떠난다
꿈을 모르는 당신은 커피색으로만 살고
곁이 아닌 곁으로 사는 불구의 몸이었다
불면이 머리에 드니 이상한 잠으로 온다
잡히지 않던 당신처럼 꿈 꿀 수 없어
밤이 된 커피의 속성.

아름다운 이별

뜨겁지도 차갑지도
걱정도 온기도 없는 삶이 끝났다
건조한 날이었다
낯선 아침에 아름다운 결별을 생각한다
슬픔도 아름다운 일을 하는구나
생각이 빠진 자리에서
우울한 이야기가 흘러나온다
모성으로 살았던 암홀
문장도 문자도 읽어내지 못하는
문맹의 원시림은 나의 운동장
찢겨진 비닐처럼
오래도록 펄럭이고 너덜거렸다
더 이상 써내려 갈 손이 없는 나는
문서도 되지 못하는 비닐을 버린다
답이 없는 사람은 결말이 없고
오류의 내용만 가득한 무감의 본문
아버지의 예지가 마침표를 찍는다
쓰다만 이야기를 삭제한다.

고리

이국 땅 오랜 시간을 새끼 찾아 날아 왔다
음악이 흐르고 날개가 생기는 딸의 나라
공원의 오리들 무리와 새들의 분주함이
내 걸어 온 길을 잘록한 신사의 깃으로 물어 나른다
호수는 호수대로 하늘은 하늘대로
예약 없는 만남처럼 호수 이름 위에 내가 있다
꽁지 빠지도록 내달리며 분주했던 날들이
몸에 그린 물살이어서 마침내 오고야 만 통증
허공이 된 몸짓은 누구도 보지 못하는 허망으로
혼자 춤추고 혼자 헤매다 도망가듯 떠나온 패닉
흘려보내기 위한 어제와 앞을 보기 위한 미래가
호수 한가운데 멈춰 있다
내가 누구인지 나는 어디로 가야 할지
가락 없이 살다 가닥 없이 살아진 날들이
날 세우며 울렁인다
새 길을 나서면 나의 계절에
다른 온도가 빨갛게 여물까
허공이 하늘이어서 하늘만 아는 비가 된 눈물을
하느님 당신은 알아야 하지
날고뛸수록 치열했던 물밑 물살의 세기를
미래를 모르는 사람의 자기암시처럼

다른 세상이 올 것 같은 먼 곳을 보았지
닳아진 족적이 '언젠가'라는 이름으로 달렸다
부질없는 하루를 새벽부터 떠도는
마음 없는 눈과 잠을 모르는 눈의 동거였다
둘레를 떠난 이곳을 시작이라 말하리
분별없는 의식처럼 겉돌아 안이 없는 둘레
호수를 도는 일 당신의 일가를 도는 일처럼
끝을 모르는 뫼비우스 띠의 길을 자른다
반복의 고리를 끊으면 길이 보인다지.

빛 바라기

바라보던 사람 하나 둘 떠나보내고
하나 둘 이름 있는 꽃씨를 심었다
손은 자주 오므렸고 눈은 더 자세해져
둥그런 자세가 되어갔다
눈길 하나에 싹이 나고
손길 하나에 꽃봉오리가 맺혔다
꽃잎이 커지면 내 기쁨도 커졌다
눈에서 살다 손을 빠져 나간 사람들
끊어져 날아간 방패연의 꼬리처럼
웃음을 앗아간 허공에서 비가 내렸다
세상은 다르지만
같은 기억에 같이 산다고 믿었다
하늘이 열릴 때마다
햇살은 꽃잎으로 꽃잎은 내게로
커다란 후광을 떼어주고 갔다
자주 바라보고 자주 그을려도
한 번도 아프지 않았다.

한련화

 봄의 소쩍새를 따라 가던 한련화, 입동 전날까지 꽃을 피운다 오래 살아 좋은 게 있다면 빛을 기억하는 앞뜰은 해마다 붉고 노란 꽃으로 일가를 이루는 일 첫 몸에서 나온 꽃씨들 줄줄이 식구를 늘리던 대만을 지나 단풍보다 더 붉게 가을을 건너가는 저 오랜 영화를 어찌 찬란하다 말하지 않으랴 다산의 풍요로움을 알고나 있듯 생명은 또 다른 생명으로 옮겨 여리고 여린 꽃잎에선 혀를 녹이는 놀라운 맛으로 우아하게 식탁에 오르니 둥근 몸에서 나온 찬란이 사람의 눈마저 둥글게 한다 둥그런 잎이 입으로 옮겨 앉은 듯 순한 말로 사람의 마음을 둥글게 감는다 담장에 머문 구름도 세상을 다 안아보기라도 하듯 허공 가득 풀어놓너니 눈이라도 화려해지고 싶은 나는 어느덧 색에 올라 꽃잎 물방울 속 무지개를 건너고 있다.

꽃이 피다 · 1

몸의 행동대장이라 아주 빠르지
앞선 마음이 자주 다치기도 하고
운명인 줄 몰라 굳은 살 키우며 살았지
바닥과 겉만 보며 속없이 살아온 날
보행을 떠난 앞발의 전생과
하늘을 날으는 날개의 속성을 우리는 믿었지
손속을 모르는 그녀의 각도는 꽃잎의 자세
그녀에게서 피어난 것들은 또 얼마나 많은지
받아주고 내어줌은 일도 아니었지
지문의 내력과 금의 파장은 그녀의 계보여서
박수로 악수로 치고 빠지는
타이밍은 얼마나 유연한지
그대를 향한 환호의 갈채가
사실은 공손한 깃발이었다는 거
빛이 없어도 빛이 되는 진수를 믿었지
바닥을 치면 등으로 오른 꽃들은 저승꽃을 달고
사래 치듯 민낯의 춤이 되었지
날개가 되고 싶어 한 생을 날아왔다는 거
꽃이 되고 싶어 몸의 잎으로 살았다는 거
화악花萼 필 때마다 다른 꽃이 피었다는 거.

꽃이 피다 · 2
― 화악花萼

꽃밭 세상에 갇혀
꽃이었던 나를 심는다
꽃을 피우는 일이
나를 피우는 일 같아서
꽃밭에 앉아 잃어버린 나를 가꾼다

적요가 찾아오면 평화의 기운이 넘치고
보이는 세상은 아름답기만 하다
얼룩을 지워준 손도 내 눈물을 닦아준 손도
꽃들의 손

키 작은 채송화부터 수국까지
연약한 패랭이부터 층층꽃까지
색색의 얼굴이
층층 나타나 수북히 웃어준다
세상 얼굴과는 달라
꽃잎을 바라보며 꽃의 기분을 살핀다
꽃을 받들어주는 화악花萼처럼
세상을 받들어주던 두 손은 나의 화악
꽃밭에 앉아 턱 괴고 꽃이 된다.

만일

만일의 힘을 아는가

만일 되돌릴 수 있는 시간이 있다면
이해 없이 보내드린 내 아버지께
용서의 시간을 가지리
만일 기다림의 시간이 필요하다면
여자였던 한 순간을
다시 올 당신과 여자로 살리
만일 바꿀 수 있는 시간이 있다면
어린 날 나의 무지를 탓하며
처음으로 돌아가리
이 같은 나의 소원이 이루어진다면
지금 이 순간 영원한 현재로
내 마음 밝아져 행복하지 않겠는가
마법의 언어 만일.

사람과 집

살아봐야 알지

볕이 잘 드는지
바람은 잘 통하는지
새는 곳은 없는지

공기가 온기 되고
두 손이 마주쳐 소리 나도록
음악이 되고 춤이 되는 일

뜨락의 빨간 국화처럼
서로를 피워 내는 향기의 집

둥지를 노래하며
곁이 될 수 있는 사람의 집

살아봐야 알지

집도 사람도
볕이 잘 드는지
바람은 잘 통하는지.

꿈을 위한 기도

간 밤 꿈속에서 오라비를 만났다

이번 겨울은 네 집에서 나고 싶다는
꿈속의 말을 곰곰 생각하니
아우인 내가 오라비의 겨울을 걱정했나 보다

그 해 겨울 오기 전 하늘에 올랐으니
겨울 없는 나라에서 봄잠처럼 나른하게
천상을 거닐었으면 좋겠다

불행했던 사내 예수의 몸으로 갔으니
북두칠성 끝자리에 못 박혀 살았으면 좋겠다

해 달 별의 이름처럼 혼자였던 날
어떤 사람의 병문안을 은하수에 그리며
그 얼굴이 매일 바라보는 직녀성이면 외롭지 않으리

한 생이 밤이어서 낮에 나오는 낮달이어도 좋고
달력 없이 평생 봄으로 살았으면 좋겠다.

초록대문

산을 등지고 몇 해를 살았다
오래 버틸 줄 알았던 철 대문의 고집
마침내 푸른 녹 온몸에 퍼져
여기 저기 아픈 소리가 났다
대문은 언제나 벽으로 살뿐
고가의 문처럼 마음을 열지 못했다
흐려져 색을 잃어버린 대문
이유 모를 낮잠이 길어지던 아버지
새 문을 기다리기라도 했을까
앰뷸런스에 실려 나가던 대낮을
낮달도 부여잡고 기웃거리니
너 이상 열 수 없는 문이었다
대문 밖 아버지의 지문이 지워시고
어머니의 집에 자녀들 다시 길을 낸다
새 대문으로 세상의 문을 여는 아버지의 땅
변하는 모든 것들은 푸른 속성을 가졌다
반짝거리는 끌림이 있다
달빛 쏟아지는 밤 뜰 안 가득
철 대문에 달빛 넘치니
아버지의 얼굴이 얼비쳐 환하다.

소파와 책상

잡지의 한 페이지를 오린다
눈이 가는 사진을 오리고
마음에 닿는 문장을 오린다

쉬지 못한 몸은 소파를 오려내고
쓰고 싶은 마음은 책상을 가져오라 한다

몸의 흐느낌을 듣지 않아
영혼의 놀이터가 보이지 않아

고단한 몸을 어떻게든 풀어내고 싶었나 보다
고민하던 숙제가 있었나 보다

쉬고 싶었고 쓰고 싶었던
욕망은 늘 겨드랑이에 갇혀
내가 모르는 나를 보여주는데

볼 수 없고 만질 수 없었던
어느 낡은 잡지의 평면에
두 개의 내가 앉아 있다.

노란 민들레

산책길에서 만난 노란 민들레
바싹 마른 줄기 하나로 서 있다

꽃 피우고 씨 다 날리우고
꼿꼿이 허공을 응시한다

호오 불어주던 어린 손주의 눈에 붙어
다시 사는 일처럼
사랑을 불어주던 진노랑 시절을
여문 씨앗으로 보내고

다음 세상 보일 듯 말듯
그렇게 부서질 준비로
가벼이 가벼이 마른 몸이 되었다

감은 두 눈에 가을이 온다
먼 먼 하늘 어디론가
마지막 호흡으로 건너갈

이승의 출구
몸 열어 속눈썹 안으로 날아 가셨다.

결로結露

안으로 흐르는 눈물의 방향에 대해 이유를 몰랐다
울음으로 아픔을 대신하고 통곡을 모르던 눈물
당신이 나무늘보처럼 쉬고 있을 때도
해야 할 일의 목록이 늘어났고 몸은 더 무거웠다
구름에 가려진 하늘은 더 높은 무력을 데려왔다
이 집엔 음악이 없어요 춤을 출 수가 없어요
중요한 사람이 그런 말을 남겼다
신에게 아름다운 목관 악기를 달라고 기도했다
악기의 눈물은 목에 걸린 울음
크게 한 번 마음 놓고 울어보세요
여전히 목관악기의 몸에서 비튼 소리가 났다
목관의 공은 음악이 되지 않았다
문틈으로 검붉은 꽃의 숨들이 달라붙었다
꽃모종을 늘리고 푸름을 들여놓아도
꽃이 되지 않았다
부지런히 매일 물을 주고 뛰어다녔지만
몰래 시간이 새고 있음을 몰랐다
이상한 얼룩이 피고 야릇한 냄새가 쌓였다
밤이었던 겨울은 한 통속처럼 같은 말을 했고
귀를 막은 뇌리엔 혼잣말처럼 환청이 들렸다
움직일수록 여자의 손도 죽어갔다

뜰 안 가득 달의 눈물이 넘쳐나는 밤
달도 여자처럼 새고 있었다
모래였던 여자의 시간이
줄 줄 새고 있었다.

세대교체

주간보호센터 가신 어머니 배웅하고
방엔 갇힌 얄궂은 냄새 밖으로 내보낸다

커피 향 뿌리며 묵은 냄새 좇아내니
시골집 냉기마저 노모의 몸처럼 굳어간다
늙은 문틀에서 오래된 벽에서 나이든 천장에서
엄마처럼 버티고 있던 시골집 냄새
들어오고 나가는 일이 생과 사의 일처럼
노년의 창가에 비로 내리던 얼룩에도
방울방울 구르던 내력이 있다
훗날에 그 자리에 있을
주악거리는 비린내
또 하나의 얼룩으로 남을 일
가신 뒤에 그리움이 핏줄이라고
하루를 선물로 사시는 어머니
엄마 없을 미래
큰 호흡 한 번 내쉬며 마음잡는다.

삶은 감자

하지 감자의 계절
찐 감자 한 바구니 한 끼 식사다

보슬보슬 분 넘치는 뜨거운 감자
함부로 손대지 마라

사지 안에 가둔 내 속도 뜨거워
언니 없이 살았던 결핍인지
엄마 없이 살았던 울분인지
해마다 하지 지나
엄마 같은 언니 찾아 사방을 달려간다

껍질 밖으로 터져나가듯
언니의 치마폭 속에
어리광 한 바구니 풀어놓으면

뜨거웠던 숙분도
겉부터 살살 풀리는 하지 감자
하지감자로 살다 여름날에 늘 터지는 나의 울분
삶은 감자다.

파초의 계절

알이 꾸는 꿈은 신혼을 닮았다

나 죽더라도 꽃을 피우리라는 맹세
그대 이름은 기다림
밤비 소리에 몸이 살찐다

'붉다'라는 말은 뜨거울 때 가장 빛나던가
화촉 밝히던 남국의 정열이여

첫 입술에 입술을 달고
접몽을 꿈꾸던 눈먼 파초의 밤
너의 절정을 여름이라 하자

푸른 물살을 갈라 하늘을 업고
한 살림 더한 알의 꿈
식구 하나 늘리며 허공을 센다

살이 되어 나온 알의 문장이
우림을 달린다

열대 끝에서 평행을 이루는
저 기다림은 누구의 몫인가

막 지나온 처서의 밤은
다른 이름의 끝 여름
새 잎을 기다리는 녹색 처소

겹겹 사랑니 다 빠져
흘러내린 초록에 한기가 묻어있다

속잎 다한 새 가지
한 뼘 넓어진 방안에서
불 밝히고 있는 촉 하나.

빚은 대로 색색

추석 전날 딸들과 함께 송편을 빚는다
단호박 즙으로 색을 낸 노란 쌀가루와
시금치 즙으로 색을 낸 연두색 쌀가루
본연의 색을 가진 흰색 쌀가루
단순한 딸처럼 둥글게 빚어내는 둘째의 송편과
힘주어 손자국 꼭꼭 남기는 첫째의 송편이
하얀 송편을 배후로 알록달록 예쁨을 뽐내고 있다
깨알 같은 수다 주방을 채우는 사이에도
쌀가루 흩어지고 버무리는 사이에도
설익은 손끝에서 까르륵 까르륵
넘나드는 웃음소리가 일곱 빛깔 무지개를 건넌다
둥글게 살려 애쓰던 마음이
한 쟁반을 떠나 뜨거운 터널을 기다리는 송편처럼
어디선가 담금질이 기다리고 있을 것이다
오색 빛깔을 기억하는 모성애로
보낼 준비하는 마음 모서리가 둥글다
만월로 차오른 딸들의 얼굴이
달 밝은 보름밤처럼 환하게 빛나고 있다.

장마

실없는 소리 쓸어내듯
쓸데없는 말 말라고

곧은 소리의 의지처럼
바닥을 향하는 집단의 함성

힘센 물살의 격정은
언제나 바닥을 치듯 속을 긁는 일

더 높은 곳의 귀가 열리고
뇌신의 눈썹이 기울면
어디선가 가라앉는 이 있겠다

이렇듯 완벽한 이데아 보았는가

행위 뒤에는 나름의 이유 있다고
모든 관계는 통증이라고
바닥은 늘 아파서 안전하다.

안마의자

처음 몸을 맡길 때
당신은 꿈속의 멋진 남자

우왁스럽게 손목 잡혀 본적 있던
남자의 어떤 힘처럼 강하다
안으면 터질 것 같은
느슨해진 몸이 두 눈을 내린다

소행성을 지나 모르는 우주 밖
만개의 신경이 줄을 놓는다
안팎으로 애쓰던 내 몸 아닌 몸으로
같이 살았던 사람을 대신해
손을 빌려보는 자본의 힘

굳어진 두 어깨가 절로 펴지는 일도
굽은 등줄기에 전율이 일어나는 일도

있었나,
받아본 적
온전히 내어 준 적

멀리 대낮의 백색소음이 자장가로 들리고
닫힌 눈꺼풀 너머 별들이 흘러 들어온다

금방이라도 사라질 몸처럼
매달려 살았던 머리부터 발끝까지
헤쳐 놓듯 춤을 추는 감각의 향연

반짝반짝 감은 눈 속의 빛나는 별
태초의 내가 온다.

시든 꽃

옥상 정원을 가꾸고부터
달맞이꽃을 거두고부터
시든 꽃 따는 일에 재미가 난다

시든 꽃송이를 따는 일이
시든 내 단면을 따는 일 같아
활짝 피고픈 마음을 다듬는다

쉬 피고 지는 달맞이꽃이
깃털만한 진리로 재미를 준다

아버지가 아들에게 줄 수 있는
가장 큰 선물이 일찍 죽는 일이라고
철학자는 말했지만

순서 없는 뒷일처럼
모양 없이 엄숙한 경건함이 또 있을까

시든 꽃송이를 떼어 낼수록
더 많은 꽃을 보는 일이 작은 발견인 것은

어쩜 내 일 같아서
사위 생일에 돌아가신 아버지 같아서
습관처럼 죽어라 시든 꽃을 딴다

나를 버린 아버지와 아버지를 버린 내가
생사의 양면을 들추며 밤낮으로 참회하듯
하루 한 페이지를 넘긴다.

배 밭 과수원

안성 시골길 가는 도로변
배꽃이 만발하다

꽃잎 입술에서 달큰한 향기가 돈다
아득히 먼 곳을 읽는 하얀 문장

어디에나 있었고 어디에도 없었던
당신이 준 봄날이었던가

배꽃 잎 날리던 나비들의 춤
과수원 햇살에 눈이 부셔
와르르 와르르 배즙 쏟아져 내린다

흰 배꽃 잎 휘날리고
입 안 가득 아득한 물이 돈다

당신은 내게로 와
한 생을 살았다.

마음의 토양

소서 지나 꽃 진 빈 화분에
흙이 굳어가고 있다

당신의 따뜻한 말 한 마디가
마음에 흘러들었던 틈새처럼
꽃이 피는 시절 있지 않았던가

사람의 인연도
청실홍실 엮어져
펄럭이는 춤이 되었을 것을
피다 만 꽃처럼 열매를 잃어버린
빈 화분의 공허가
다음 삶을 기다리고 있다

다음 봄날에 새로운 당신과
나를 이어주는 훈훈한 볕을 기다리며
굳어있는 흙을 만지듯
내 마음 살살 다독여본다.

달맞이 꽃

보름달 피는 밤
옥상 정원에 앉아
보름날 가신 아버지를 생각한다

보름달 옆에 두 개의 별
내 안에 늘 떠 있는 떠나간 핏줄 같다

달의 연한 빛을 닮은 달맞이꽃
그리움이 연해지도록
저 달을 기다렸나 보다

기다리는 내 맘처럼
보름에 한 번씩 날 찾아오시는 아버지

안쓰러워 밤 안으로 들어와
젖은 눈을 밝히신다

어둠을 밝히는 일이
세상사는 일이라고
젖어 사는 내게 오시나 보다.

두 귀의 고백

그루밍 그루밍 두 귀를 세워주세요
쫑긋은 당신께 집중하는 나만의 방식
납작한 우울은 귀를 따라 내려가요
태산은 나의 모태 신앙
나기 전부터 뛰는 연습을 했어요
그리움은 언제나 먼 바다에서 뛰어오던가요
그루밍 그루밍 우리만의 방식을 나눠요
정월에 맺은 언약 저버릴 수 없는 것처럼
바다는 머리맡에 두고 소리를 세워요
붉은 눈은 나의 방패 당신을 지켜줄게요
혼자되는 겨울 산을 믿어봐요
둥글게 끌어안던 영산화 꽃망울처럼
울음조차 들리지 않게 곡선으로 안아줄게요
눈 녹은 이른 봄 함께 참방거려요
속 빨개지도록 뜨겁게 굴러봐요
세상이 하얄수록 우리의 내부는 더 환해져요
그루밍이 낳은 눈송이 같은
오, 나의 아기들처럼.

느티나무

당신 누구세요
저 실바람 아래
푸른 그늘 사이로 비쳐오는 햇살
깔깔 웃음도
문득 당신이 만든 기쁨이란 걸
구름처럼 가벼운 당신
그늘 아래 졸리운 평화
여린 빛 어린 순부터
가장 깊은 잎맥까지
종알거리는 저 입술
혼잣말 트는 어린 마음
여전히 그늘은 푸릅니다
자리 깔고 쉬어가던 냇가
퐁당퐁당 이야기가 굴러요
끊이지 않는 초록 입술의 수다
그 여름 푸르도록 춤춰요
바람 걸린 햇살처럼
하다 만 이야기
이어 갈 수 없나요
당신 그늘 되어줄 순 없나요.

노팅힐 교회 앞에서

150년 전 세워진 교회 시계탑에서
12시 정각을 알린다

순간 귀 밝은 비둘기
날개에 돋는 힘으로 바람을 가르며 솟는다

오래된 종탑은 오랜 기억을 잊지 말자는 듯
시간을 깨우고 있다

19세기를 닮은 오후가 돌아 나와
아무도 일러주지 않은 길을 가고 있다

성삭을 따라 씨내려가는 12시의 종소리
열 두 줄의 기도가 유서 한 장처럼
다다를 수 없는 먼 곳으로 날아간다

멀리 있는 소망처럼
내게 오지 않는 울림처럼

오래된 기도들이 소리 내며 날아가고 있다.

주산지

가뭄에도 밑을 보인 적 없는
주왕산 자락 연못에 앉아
삼백 년 수령 왕 버들을 본다

수많은 세월 쌓아온 시간만큼
속을 비우며 우는 왕 버들

켜켜이 그 눈물 다 받아내며
스펀지가 된 퇴적 암반이 갸륵하다

버들잎 춤추는 날에도
한겨울 매서운 바람에도

서로의 어깨를 의지하며
유연하게 흐르는 조용한 배려

넘치지도 부족하지도 않게
오래 오래 살아가는 방법을

한 구절 한 구절
물 위에 베껴 써 본다.

사이

우리 어떤 사이야
사이가 사이에게 묻는다

테이블 건너 마주 앉은 사이
주고받는 말 사이
들판을 가로 질러 가는 사이
민낯과 민낯 사이
질러봐 노래하는 사이
햇빛과 바람 사이
비와 눈 사이 다시 멀어질 사이
사이가 사이를 건너가는 사이
사이에 낀 사이
그러다 혼자 남는 사이
아무것도 없는 사이
보이지 않는 사이
사이를 두고 사이를 그리는 사이
두고두고 사이에서 절망하는 사이
사이에만 사는 사이
정직과 비밀 사이
사라진 사이마저 이젠 없는 사이.

아버지의 저녁은 가고

바깥바람에 기대어
동네 한 바퀴 마실 다녀오신 아버지
고른 숨 붙이고 햇살에 앉았다

동녘 햇살 굽은 등위로
품에 가둔 그늘이 깊어라

매운 담배연기로 아침이 성큼 곁을 맴도니
시장기 없어도 막걸리가 조반이다

불 밝히며 살던 시골 집 앞마당
먼저 간 아들 몫의 숨이
먼 산자락에 괴이시던 아버지 숨에 덧 대이듯
뒷마당 농기구들만 만지작거리셨다

산자락에 한숨 하나 묵주 알 하나
손금 안에 갇힌 아버지 한숨 따라
나도 대를 이어 깊은 숨 습관처럼 따라 굴린다.

암흑

사방을 돌며 구멍을 찾았다
구멍이 있어야 숨 쉴 것 같아
사람이 구멍이 될 수 있다고 믿었다
손발이 시려도 마음 하나 굳게 믿었다
발버둥은 오히려 눈을 가리고
돌아오는 건 답 없는 반응들
잿빛 하늘처럼 깜깜해 만져지지 않았다
반응 없는 사람과 더 큰 구멍을 팠다
손발을 녹여줄 봄은 멀리 있고
구멍에선 냉기가 올라 왔다
이름 석 자에 역할이 늘고
나는 멀어져 나 아닌 내가 되어 있었다
발등 찍은 눈먼 길은
암흑 속에 갇혀 돌이킬 수 없는
공간이 되고 시간이 되었다
내가 정말 어두워지자 새 구멍이 보였다
내 속에서 나온 환한 구멍이었다.

독거노인

사 년 째 독거 엄마
느린 걸음이 땅의 넓이를 재며 걷는다
느릿느릿 시간을 벌며 걷는다

눈멀어 주방 식기는 얼룩으로 앉아있어도
지난날을 외면하듯 닮은 식기가 싫지 않은가 보다
제 짝을 잃은 독거 여인이
뚜껑 없는 그릇들처럼
등을 보이며 모로 누워 있다
시간을 건너온 낡은 기둥과 문 틀
오래된 집기는 사람과 한 가지로 살고
혼자만의 시간 속에서 혼자 노는 연습중이다
손아귀의 힘은 이미 비울 준비로 풀린 지 오래
흔들리며 가는 굽은 등은 몸을 말아가는 중이다
잃어버린 걸음이 느리게 온다
잊어버린 생각이 멈추게 한다
기억할 일도 챙겨야 할 일도 더는 없다는 듯
서서히 몸의 할 일을 지우고 있다.

살구의 생

살구나무 옆을 지나다
툭 떨어지는 살구의 소리를 듣는다

매달려 살았던 줄기에서 벗어나
한 몸 던지는 낙하의 순간

저것은 비명이다

썩거나 병들어 먼저 간 이의
장엄한 의식을 내가 지켜보고 있다

아직 매달려 사는 내가 있듯
이어진 목숨이 쉬는 그날까지
사는 게 매달리는 일이라고

내 몸을 매달고 살던 역할의 이름들이
마지막 절규를 외친다

떨어질 때 살아온 견딤을 믿듯
아직은 우주가 잡고 있는 다음 생을 믿는다.

아리랑 고개

굽이굽이 산허리 돌 때마다 따라 도는 몸
오를 만큼 오른 길은 아래만 보일 뿐이다
일제히 안으로 씨를 뿌린 양
거꾸로 매달려 가는 시간의 무늬들은
시백의 기질로 살아나
건너 산봉우리 겹겹 세운
하늘빛이 마냥 여유롭다
엄니 탯줄 풀어 놓은 저 골짜기에는
막 쪄낸 감자의 뙤약볕 여름
아랫목이 골짜기마다 꿰어져 있다
알알이 고개든 계절이 꿰여 있다
자유롭던 어린 날이 야성으로 뛰놀고
마음 깊은 골에 갇혀
산새들 웃음소리 살아있다
두고 온 아름다운 날들이 숨으로 산다는 걸
떠난 이들은 다 안다
처음이 그리워 처음으로 다시 오는
촌스러움과 착함을 찾아오는 이유
여기에 내리고 싶은 이유
그때처럼 마음 갇혀 있는 이유
아리랑 아리랑 넘어가는 아라리는 안다.

화장터에서

이제는 기다릴 게 없는 곳으로
이제는 애쓸 게 없는 끝으로 간다

늘어나는 약봉지로 버텨온 가루 같은 시간들
스스로 방부제가 되어 지키고 싶었던 그 무엇이
건조한 화장터까지 오게 하였는가
눈시울 붉어지는 불의 장막 앞에서
망자의 부은 발등을 떠올린다
눈으로 나눈 모든 걸 기억이라도 하듯
병상 직전 걷지 못한 짧은 하루와
알약 같이 응축된 족적들이 동공 가득하다
밤을 헤매던 조울은 끝났다
요란했던 바람이 잔다
외면당한 고요가 당신을 기다리는 곳
온 몸으로 울어주던
눈의 기억과 발의 기억을 지우듯
마지막 무대에서 뜨겁게 타오르고 있다
오랜 침묵이 가벼운 당신을 기다린다.

유품 정리

아버님이었던 어른의 사진을 꺼낸다

당신의 막내아들에겐 방패가 될 외투를
사위에겐 새로 나라고 면도기를
딸에겐 발이 되어주라고 낡은 소형차로
큰아들은 추위 이겨내라고 겨울 점퍼로
아버지의 시간을 꺼낸다

몸은 사라져도 다시 오시어
유품으로 만져보는 아버님의 체온

자식 농사 세상에 맡기며 유산이 된 유품들
미룬 당신 농사 끝까지 살펴준다고
아버님의 일부 조각으로 오신다.

있음의 미학

없어진 사람
애도하는 일에 많은 시간을 보냈다

'없다'라는 말이 그렇게 슬픈 말인 줄
오랜 장마에 젖어 산 뒤에 알았다

내게 각별했던 사람도
몇 해가 가도록 조용했고
나는 시끄러웠다

가장 큰 미소만이 힘이 된 이름들
어둠의 '없다'라는 은유
어둠의 '검다'라는 직유

밤낮을 오가는 일처럼
'있다'와 '없다' 사이 머물렀던
이름 있는 자들의 얼굴에는
찬란한 미소가 유산이 되었다.

젖배사랑

세상 흐리게 보일 때
소리 들리지 않을 때
포대기 속 모자란 몸과 마음
아랫마을 아기한테 빼앗긴 당신의 젖
쌀 한 됫박 맞바꿔 생계이었다는
가난한 모친 때문인지
배고파 울던 당신 때문인지
술로 한풀이 하시는 아버지
배부른 참 젖으로 채워주고 있다
어린 것 달래듯 젖배 같은 사랑
발길 잃어 막막할 때 좁은 길 돌아가라며
술 한 잔 기울어서야 나오는 주정 섞인 가르침
얼얼하게 취기 오르면
아버지의 훈계 생생하다
수리수리 술술
하늘이 열리고 입이 열린다
거짓의 내가 구겨진 내가 펴진다
비틀거리는 손잡아 일으켜
빙빙 지구 돌아가는 아버지의 아버지
누대를 이어온 저 무서운 힘
네가 나를 키웠구나.

마삭줄

실외용 꽃을 사러 갔다
처서 즈음에 피는 꽃이 드물어
집이나 꽃집이나 꽃이 없다

꽃인 듯 풀인 듯 모양새는 넝쿨 있는 마삭줄
만지면 부서질 듯 소리도 난다
마주한 한 쌍의 잎이 힘을 모아 줄을 탄다
옥상 난간에 행잉으로 걸었다
낭떠러지인 줄 모르고 헛발 딛기 전까지는
밖에서 피는 꽃은 다 화려했다
부서질 까 두려워 정성으로 쌓았다
열매를 달지 못하는 무정란처럼
줄이 있어 괜찮을 거야

허공에 매달린 한 쌍의 잎들이
같은 뜻을 모아 한 곳으로 간다

꽃이 아니어도 꽃으로 피는 길 찾아
꽃길을 낸다
돌아보면 꽃들의 행진이다.

남과 여

길이 없는 남자를 위해 길을 내며 살았다
길이 없어 길 들여 지지 않았다
길에 뿌린 한숨이 길을 막았다

한숨으로 키운 사과나무 한 그루에
사과 한 번 열리지 않았던
오지 않는 열매의 이름은 언제나 사과였다

사과 맛을 모르는 사과 후의 생
없음 뒤에야 달달한 기억이 될까
꽃이 보이지 않는 무화과처럼
제대로 피운 적 없는 무감의 봄이 가고
손목이 닳아가는 동안
몸의 길목에도 돌덩이가 늘었다
말라 죽는 사과나무 한 그루
말없는 남자가 가자 사과나무도 말없이 갔다
죽은 나무에는 꽃이 피지 않는다는
혼을 떠난 나무의 진실이
떠난 뒤에야 선명해졌다.

냄새의 힘

경계가 없는 냄새는 막힘이 없다
쓰러질 일이 없어 어디든 가능하다
오직, 바람과 하나되어 날아가 앉는 일
좋은 꽃의 향기는 멀리서도 친구가 날아오듯
특별한 힘으로 당기고 미는 힘이 있다
아궁이 위 밥 냄새가 그랬고
아름다운 사람이 그랬다
아득했던 숲의 향기와
구수한 숭늉이 그랬다
말하지 않아도 알 수 있는
바람의 온도에도 냄새의 주인이 있어
오래 있어도 싫지 않고
멀리 있어도 자꾸 그리워지는
콧바람 불게 하는 그의 색은 냄새부터 다르다.

걸음

앞만 보고 살던 나는
발보다 머리가 더 앞을 향해 걸었다
머리로 헤쳐 온 길
보폭은 속도를 만들고
가슴에는 돌이 채워졌다
옆을 보는 일 조차 어려워
모가지는 굳어가고
돌보지 못한 몸도 상하고 있었다
닳아진 손목에도
머리를 받치던 목에도
몸의 길목마다 돌이 차올랐다
느린 보폭의 하루가 무뎌져
꺼져가는 땅을 보는 일처럼
바닥을 보는 일이 예사였다
내일이 두렵다고 우울은 커지고
내 모양새가 걸음에서 다 보였다.

아버지의 아침

시골의 알람 소리는 참새소리
새들 방문에 돌아가신 아버지도
귀가 먼저 듣고 일어나셨겠다
산마루에 앉은 집 한 채가
싫지 않은 지저귐에 은근슬쩍 눈 뜨게 했겠다
앞마당 울타리에 앉은 미끈한 달래
땅에 닿도록 허리 조아려 굽힐 때면
질세라 날아와 찍 하고 실례도 했겠다
참새부리 같은 발음으로 짹짹 조잘거리며
햇살은 은근한 후광으로 집을 품었겠다
웃음소리인 듯 울음소리인 듯
아버지와 농담도 나누었을
딸보다 더 가까운 새들의 수다
마당 귀퉁이 가시오갈피 닮아
귀에 가시가 되었을 터
가시 돋도록 남긴 아버지의 말
부지런해라

참새도 알아듣던 아버지 교훈.

명자의 크리스마스

명자 꽃 피는 사월 햇살은 손이 되어
앉아 있는 머리마다 쓰다듬으랴 정신없다
담벼락 너머 고개 짓 하는 조무래기
알알이 엮어 명자가 왔다
새들의 놀이터로 봄날을 기다리는 꽃망울
하루하루가 꽃이었다고
한해 한해가 봄이었다고
일제히 입을 모아 노래 부른다
초록과 빨강의 어울림
봄의 캐럴은 아버지의 콧노래
툇마루에 누우니
대낮 소음이 평화를 비는 기도다
명자 너머 하늘도 푸르른 날
저 산등성이 연두 빛 물이 돌 때처럼
오늘은 내 아버지 태어나신 날
산 빛을 바꿔버린 저 초록 줄기의 힘도
아버지의 핏줄을 닮았다
붉거진 길 따라
손수 키운 명자가 꽃피고 있다
가신 아버지 생신날에.

덕분에

아버지 등에 업혀 살던 아우는 눈이 크고 예쁘네
할아버지 눈을 달고 나온 아우는
덕분에 닮은 아들 딸 낳아 널리 보는 눈 가졌네
등에 업히고 싶던 어린 살림밑천
높은데 올라가야 널리 세상을 보는 줄 알았네
단 한 번 마중 나오시던 아버지
몸보다 큰 책가방 든 중학입학생 딸 안쓰러워
가방 들어주시고 업혀주실 때 알았네
엉덩이는 처음이라며 들썩였고
덕분에 따듯하고 넓은 등은 남자의 상징이 되었네
시월 끝자락 보름에 아버지 달 따라 더 높이 오르고
눈에서 멀어진 아버지의 야윈 몸을 생각하네
미소를 추억하는 일이 오래된 몸을 따라가는 일처럼
보름과 그믐의 시간 밖에서
덜어내고 덧붙인 세월의 부피를 보네
살림밑천으로 살던 시간이 아파
멀리 있는 자식으로 살던 날을 뒤집어 보네
홀로 남은 엄마 곁 냉큼 내어주고
덕분에 엄마의 반쪽인 아버지 내게로 오네
아버지 닮은 딸 엄마의 반쪽이 되네.

위로

양지 바른 담벼락에 기대어
노란 장미꽃에 기대어
맑은 시냇물에 기대어
강아지 눈망울에 기대어
빨간 단풍잎에 기대어
딸아이 이쁨에 기대어
잘 차려진 밥상에 기대어
눈물 쏟던 영화에 기대어
날고픈 하늘에 기대에
종소리 퍼지는 울림에 기대어
가로등 불빛에 기대어
기대면 닿는 오감의 치유
닿으면 달라지는
나는 기댈 곳을 찾아
맑은 곳으로 눈이 간다
너무 맑은 너로 인해
아픔도 맑아지는 나.

본적이 같은

오라비 애도 끝나자 아버지가 따라 가셨다
백 살까지 살 거라며 위풍당당하시던 아버지
그럴 거라고 나도 믿었다
지아비 보낸 어머니 시골집 할 일도 많아
여식에겐 길도 열어 주시지 않더니
드나드는 자식 따로 있는 줄 모르시더니
눈멀어 찌든 집 딸들 손길에 빛이 든다
무릎 모아 두 손 모아
순한 눈을 가진 늦둥이 아우
똑바로 세워 달라고 연령들 마주 앉으면
다정은 더디 오고
집 안팎 묻어있는 기 센 아버지 손길에
애증 섞인 숨으로 돌아앉기 일쑤
명 짧은 오라비들 연대기에는
본적이 같은 내용들이 같은 빛깔로 왔다
자세히 보면
아버지 독한 눈이 만든 험한 길이었다.

겸허의 발

발도 주인을 닮는다지요
발은 한계를 잘 압니다
바닥과 친해 끝이 어디인지를 압니다
언제 멈추고 언제 가야하는지를 잘 압니다
발 빠른 욕심이 앞질러 가면
발톱을 세워 다치는 줄도 압니다
미지의 세계를 다녀온 첫 발과
양보로 배운 지혜의 한 발이
지상의 모든 냄새를 내맡기며
뚜벅뚜벅 걸어가는 충실한 나침반이지요
더렵혀지는 건 발이 아니라 현실
바닥을 다독이며 가는 아름다운 수고입니다
내 발을 씻기신 예수님의 손이
창녀의 발에 입을 맞추던 예수님의 입이
두 발등 몸 엎드려 기도하는
겸허의 또 다른 이름입니다.

번지 점프

떨어지는 맛을 봐야 세상을 안다
바닥까지 치고 올라오는
공포에 맞서야 쫄깃한 세상을 본다
감당할만한 고통의 끝이 어딘지
온전히 나를 내어 맡기는
체념의 자리에 가봐야 세상을 안다
어긋나 아팠던 날들이
제자리를 헛돌아도
무게는 이미 허공의 깃
중심 잡을 때를 기다려 볼 일
맞장 뜨는 마음가짐으로
내 몸 아닌 듯 멈춰질 때까지
던져보면 알 수 있을 삶의 무게
다시 사는 내가
다시 태어나는 내가
허공을 뒹굴다 멈춰진 중심.

연해주 가는 길

바람이 온다
바람[願]을 담은 바람이 온다

발해 벌판을 지나 달려오는 고구려 후예의 행진
드높은 기상은 하늘을 찌르듯 깃발이 되고
땅에서는 말발굽 소리 달리듯 심장이 뛴다

가난을 목숨으로 살았던 민족이
굶주림과 공포로 이 땅에 왔다
흙먼지처럼 끌려와 터를 닦듯
지신허地新墟* 눈물로 길을 닦았다
황무지를 갱지 삼아 고통을 호미 삼아
노동으로 그려내던 눈물의 회한
엎드려도 살아 낼 수만 있다면
불태워도 괜찮을 누추함이런가
아궁이 섶은 꽃으로 지펴도 좋았다
피 흘려 지켜온 비린내는 살아남기 위한 몸부림
태극기 깃발로 펄럭인다
결의로 잘려나간 손가락의 맹세
시베리아 벌판보다 차가워 바이칼 겨울보다 시려워
의지의 칼은 오히려 하나가 되는 길

고혼이라도 그리움의 꽃 피울 수 있다면
슬픈 강에서 꿈꿀 수 있다는 넋 한 잎의 바람[願]
조국의 꿈은 멀고도 무거웠다

열차가 온다
꿈과 의지와 희생을 한 줄에 싣고
코레아 우레*의 함성을 신호탄으로 쏘아 올린다
또 하나의 길이 될
국경을 건너 대륙을 달려오는
열차의 기적은 세계로 가는 기적의 전주곡
터널의 어둠을 뚫고 나온
연해주 슬프고도 생생한
금관악기 힘찬 울림의 시발타.

* 지신허地新墟: 1863년 이후에 러시아 이주 한인이
           모여 산 최초의 한인마을.
* 코레아 우레: 대한독립 만세.

그럼에도 불구하고

그럼에도 불구하고
너를 만나

그럼에도 불구하고
아이가 생기고

그럼에도 불구하고
겨우 살아 있다

그럼에도 죽어가는 나는
불구하고 살고 있다.

가을 접이

양지읍 근곡리 논두렁과 하늘
멀리 보이는 들녘이 눈 아래 들고
확 펼쳐진 가을 하늘이 높다
사선의 그림자 세운 곳마다 양지 넘쳐
볕 사이 웅크려 앉아 해거름 바라보니
이미 가을걷이 끝난 논바닥에
건초더미 말아 올린 달콤한 마시멜로 향
저문 하늘아래 다소곳이 가부좌하고
한해 가족들 살릴 기세에 눈 배부르다
장독대 머리마다 한 웅큼 햇살 덮여
품어왔던 단내를 게워놓기라도 하듯
차곡차곡 가을을 접고 있다.
저 그윽한 들녘 보아라
내어준 벼 이삭 아래 삭혀가는 내음들의 향연
더 깊은 곳을 향한 기약이 아니런가
빈 들판
젖 다 물리고 나온 엄마의 젖무덤
뉘 집 살 붙는 해거름 빛이 풍만하다.

불꽃

내게 와 준 당신

뜨겁게

환하게

그어준

딱

한 번.

울타리

끌어안고 살 일
품의 크기만큼 넓다

묻어 버리고 살 일
속의 의리만큼 깊다

세울 수 있는 건
우리의 경계

구분 짓고 나누면
너의 세계 나의 세계가 생기지.

장마는 지나갔다

쏟아 붓던 빗줄기 그치고
뜨겁던 햇살도 창문 밖
바람과 뒹굴며 놀고 있다
한 때 놀이터였던 세상
백색소음이 사라졌다
빗줄기였던 당신과
햇살이었던 당신의 눈도
바람처럼 가버렸다
모든 쏟아지는 것들은
당신에게서 왔다
귓밥을 세우고 들어주던 자세는
직선이 되기도 하고
사선이 되기도 했다
당신의 얼굴을 읽으면
거기에 나의 얼굴이 있었다
끝이 아니길 소원하면서
지금이 좋아 끝 모를 여기를 마냥 좋아했다
모든 소리가 비명으로 남았음을 알았을 때
비명처럼 사라졌던 당신
당신은 소나기였고 태풍이었고
그쳐버린 긴 장마였다.

어찌 살든 내 몫

정찰기 한 대 가만히 날아가는
초저녁 해 떨어진 밤
인공위성 몇몇 별을 흉내 내고 있다

계절마다 길이 다른 별들은
어떻게 만나 어디서 이별을 하는지
오고 가는 별만큼이나
보내고 맞는 일은 살아서의 일
별처럼 빛나고 싶던 몸짓으로
별처럼 쓰러지고 싶던 마음으로
우연이어도 좋아라 필연이어도 좋아라
궤도를 벗어나 끊어진들 이어진들
세상의 중심은 내 발아래
나를 세운 이곳
어찌 살든 내 몫.

옥상 정원

동쪽에 사랑초를 심었다
처음 사랑 그 빛을 닮아서
왼쪽에 일일화를 심었다
매일 피어났던 왼손잡이 나를 보려고
오른쪽에 층층꽃을 심었다
층층 쌓아 올린 나의 소원이었다
앞에 수국을 놓았다
수북했던 사랑이 한눈에 넘쳤다
아버지가 키운 파초를 심었다
알록달록한 사랑이 크게 보였다
오래 자주 피는 낮 달맞이꽃을 사랑했다
젊은 날 분홍색의 나는 없고
생각만 피어나는 분홍 달맞이
서쪽엔 단풍나무를 심었다
저물어도 다시 타오르는
붉은 가슴을 잊지 않으려
그 해 겨울 동백을 바라보며
동백아가씨로 살았다.

옥상 편지

가장 뜨거운 자리였다
가장 시원한 자리였다
하늘도 가까워 지루하지 않은 대낮
시들어가는 한 해살이 꽃처럼
간 밤 눕히지 못한 부스러기 잠도
엷은 바람을 부여잡고 있다
노을은 맨발의 시절이 좋았다고
해의 길 따라 다니던 시절이 좋았다고
겹겹 이야기를 달고 있다
만월이 뒤로 넘어간 뒤편처럼
새로운 배경을 만들고 있다
흩어진 씨앗들이 제 갈길을 가듯
내게 없는 동쪽은 의문으로 얼룩이 되고
더 많은 구름들이 내 안으로 들어온다.
미궁에 빠진 해와 달의 길
미완성의 문장이 길이 되고
뿌리처럼 혼잣말로 움튼다
이해할 수 없는 너머의 세상을 누가 알까
체온을 잃어버린 목울대처럼
뒷문으로 달아난 동쪽 하늘의 파편들이
눈 뜬 아침을 다시 재운다.

평생

못보고 가셨지 조강지처의 마음

서로의 원망으로 원성 높아져
아내의 눈물 왈칵 쏟게 하던
재주 없는 아버님
지식도 학벌도 없이
열량높은 음식이 영양가 높은 음식이라고
병 키우신 무지의 아버님
오직 운전대 하나로 자유를 얻어
봉투 한 번 내민 적 없다는
어머님의 가난은 서럽다
'미안하다' '고맙다'라는 말 못해
한 맺힌 어머님 설움에 생채기 달고 가셨다
부처님 같은 어머님도 서러워
죽어서도 한 곳에 묻히지 않겠다던 어머님
두 분 저승길 가시면서 알았을까
눈멀었던 조선의 아들
끝까지 품고 싶었던 가족묘처럼
먼저가 무덤덤히 기다리신다
지아비가 만든 지어미의 자리
살아서도 죽어서도 무덤이었다.

터널

뚫고 나와야 했다
내가 캄캄해질 것 같은 날

뜨거운 것이 위로가 된다는 걸
국물이 속을 달래듯
몸을 도는 온기가 살게 하는 걸
나를 뚫고 지나는 국물의 힘

후르륵 넘기는 면발 속에는
훌훌 감기는 너와
한 젓가락으로 잡히는 너와
삼키고 싶은 터널의 허기가
줄줄이 올라 온다

터널을 나가면 보일까
넘어야 할 산은 멀리 있는데
비껴 앉으면 보일까

단숨에 삼켜버린 국물의 길처럼
누군가의 물이 되었던 날
터널에 갇힌 나를 구한다.

언약의 양면

누군가의 시동소리에 귀가 세운 새벽
눈 뜨는 아침이 꽃처럼 피어나던 날
언약이 있던 창가엔 음악이 흘러
흥이 돋던 하루가 사뿐거리고
이별다운 이별 없이 거짓된 한해가 갔다
잃어버린 게 많다고 생각하던 계절 여럿 두고
얻은 게 많다고 기도하던 밤도 여러 날
무덤덤하던 정오 곁을 지나
넋을 놓아버린 대낮을 돌아 나오면
더 깊은 밤이 오고서야 나는 쏟아졌다
주워 담을 수 없는 사소한 결말이
담을 수밖에 없는 절망의 파문으로 돌아왔다
기억하고 싶었던 웃음들이 사라졌다
서로를 버려야 살 수 있는 나라
믿을만한 아침이 없는 같은 땅 아래
나는 더 혼자여야 했고
내 눈과 귀를 의심했던 안개 속에서
나는 먼지인가 먼지가 언약인가
대낮의 혼잣말은 누구에게도 가지 못하는
위험한 부유물이 되었다
따듯하고도 못된.

침상의 언어
― 오라비를 보내며

삶이 서툴렀다고 삶이 어지러웠다고
가시 돋친 몸으로 살았다고
마침내 침상 버티다 가벼워진 몸
남루한 십 오리 길 돌아 나오자
잠으로 가는 삭은 몸이 되었다
이제 그만 내려놓으라는 연인의 말 한 마디에
울음도 숨을 내리는지 객혈 꽃을 토한다
피가 마르고 살이 마르면
한 줌 흙으로 가는 길이 가깝다고
더 이상 내어놓을 것이 없다고
닳아 없어진 것들은 죄다 명이 짧은지
건조함을 떼어놓기라도 하듯 입안을 닦아준다
검지 손마디를 조여오던 잇몸의 힘
이제는 통증을 던져야 할 때
남은 힘조차 내어줄 곳이 없다는 걸 알 때
더 이상의 참회는 없다
잠자는 모든 소리에 냄새가 난다
가라앉는 흙의 속성을 따라
이미 꿇을 준비를 하는 무릎이여 안녕
잇몸의 응답은 생의 마지막 고리였다고
반지의 촉감으로 휘휘 감고 있다.

어머님 전상서

끝내 아픈 손가락에 매달려
형제들 사이 넓히시던 어머님
피는 물보다 진하다는 옛말이 가듯
피보다 무서운 태도에
기일도 멀어진 세상입니다
어머님 왜 그리 모르셨나요
어른이었던 어머님 보내고 나니
아이 같은 어머니였음을
영정사진 앞에서 뚫어져라
어머님 그 속을 봅니다
여자 속은 여자가 잘 안다고
다독이며 얼러주던 위로
의리가 생기고 다시 충성이 되었음을
사라져 흙으로 돌아갈 몸이어서
몸 아끼지 않고 살던 생각이
아픈 몸처럼 아픈 손이 보였나요
맨 몸에 새 다짐 하나로 사는
신혼 그 시절을 다시 살고 싶습니다
어머님 보내며
나 다시 죽어 새로 나고 싶은
이 억측을 당신은 아시나요.

당신은 봄

겨울을 지나 왔어요
가슴을 덥힌다고 잔치국수를 먹고
마음을 달랜다고 숲길을 걸었어요
빗물로 쏟아지던 날들
젖은 몸에 화기가 돌고 찬기가 돌아요
울분으로 재가 되던 까칠한 나를
여기까지 돌아 나오기를 당신은 기다렸나요
회오리 안에 갇혀 정신 놓던 내가
살아야 할 이유 당신이었나요
믿을 수 없는 세상에서
나 닮은 당신을 만나 내가 당신으로 살 듯
당신은 또 다른 나로 다가와
반싹 반짝 내 눈을 놀라게 합니다
반쪽의 몸으로 나누어진 나머지 하나가
꼭 맞아 떨어지는 반쪽의 짝이었음을
반을 잃어 추웠고
반을 잃어 외롭던 겨울이 한 생
서로를 알아봄으로써 봄이 되는
한 세상을 여는 우리는
따뜻한 봄날의 시작입니다.

바닥

엎드려 바닥을 닦는다
머리 조아려 닦는 일을 숭배한다
바닥 같은 사람으로 살지 말라고
아버지 높은 곳으로 가는 길이 걸레질 같은 거라서
근면 성실을 다른 말로 자주 강조하셨다
바닥에 닿지 않으려 자궁 속에서부터 헤엄쳤을
태초부터 위험한 바닥이어서
떨어지지 않으려 날고뛰며 다녔다
바닥이 빛나면 내면도 빛날 것 같아
깊은 밤 바닥에 앉아 무릎도 자주 꿇었다
밑바닥을 읽어줄 수 있는 내가 되고 싶었다
모든 바닥은 시작이요 끝이다
무거울수록 속도는 바닥을 향하니
하늘과 땅만 알았지 사방을 몰랐다
지평선을 끈처럼 발목을 묶고 다녀도
용솟음시키는 일도 바닥이다
안전함은 바닥의 이면
모든 삶의 무게는 바닥이 안다
이면에서 살아 이면을 아는 우리는
나의 이면이 바닥임을 인정해야 한다.

돌의 기억

동치미 덮던 겨울 무게로 누르는 힘이었다가
물수제비 그려내던 날렵한 몸이었다가
동지 긴 밤 창가를 두드리던 님의 목소리
당신을 어록을 말해주던 비석이었다가
흐르는 물소리에 닳아 수석이 되는 고고함이었다가
거제 어느 바닷가 자갈자갈 몽돌이었다가
기다림을 끝내 놓아버린 비명이었다가
경직됐던 날을 세워 몸속에 돌로 앉아 보고
몸에 난 아픈 길 두드리는 담이었다가
짓밟히던 발바닥의 압이었다가
돌 던지는 입술의 언어였다가
하늘에 닿고픈 탑이었다가
조막손에 놀아나던 꽁깃돌이었다기
침묵으로 굳어진 말이었다가
세울 줄 아는 깨질 줄 아는 부서질 줄 아는
가루가 될지언정 무게는 버리지 않지
모든 신념은 무게를 싣고 있다는 것을
딱딱할수록 속이 깊다는 것을
구르는 돌도 제 집이 있다는 것을
누가 알아 한방의 돌 당신 뇌리를 스쳐갈지.

홀로

사십 년 시골 집
지난해 반쪽이 가고 혼자 남은 당신
닳은 무릎은 넘어짐이 두려워
뒤뜰에 가끔 나오는 배암도 두려워
낮과 밤 꿈길에서 보이는 두려움이
연약한 혼자를 더 약하게 한다
모로 누운 침대 앞에 티브이는 혼자 놀고
졸음에 겨워 눈꺼풀 꿈속을 헤집는다
생전에 살 대었던 사람 꿈에서 만나는가
실룩거리는 입가에 혼잣말이 맴돌고
간혹 몰아쉬는 숨결이 고요하다
낙엽그물 같은 주름으로 팔순을 버티다
짝으로 살던 반쪽의 성화 없이
가는 연습이라도 하는지 눕는 일이 예사다
한밤중 소피보는 일도 귀찮아
국물요리 줄이듯
몸의 일부를 비우고 가실 준비 하는가보다.

가을에 당신이 오신다면

가을에 당신이 오신다면
지난겨울은 잊으렵니다

아무도 걷지 않을 첫 눈의 눈길을 생각하며
가을 붉은 단풍나무 아래
당신의 자리를 만들어 놓을래요
햇살이 잘 드는 벤치에 앉아
노란 들판을 앞에 두고 찻잔을 준비할래요
문 밖 출입이 어려워지면
오지 않는 재회를
여러 빛깔과 모양으로 그려볼래요

그 중에 하나

꼭 닮은 기다림 올지 모르잖아요.

북극성

언제나 당신은 별이었다

중심에서 길게 퍼지던 작은 빛
중심에서 맴도는 원심력처럼
오로지 중심이었던 내 삶의 한 복판
어디서나 당신은 별이었다

변 방 어디나 빛은 가득했고
사방 어디나 빛은 오래 머물렀다

빛을 따라가면 살 것 같은 하루
자주 맴돌던 밤의 양지

헛디딘 듯 식어버린 마음인 듯
저 별이 이 별을 찾아
어둠을 헤집고 뭇 별을 읽는 밤
또박또박 빛나는 밤

별 앉은 자리마다
방은 언제나 환했고 이야기도 길었다.

한 생각을 더하여

마주앉아 바라보면 한 생각이 길이 되어
갈 수 없던 길을 갈 수 있다
세상에 길 아닌 길들이
한 몸을 통해 새로 난 길이 된다
다 내게서 나온 성향 같아
다 내게서 나온 기질 같아
나는 새로운 당신에게 기운다
날아가 입을 맞추고 현실이 된 꿈길을 걷는다

당신이 어디가 아픈지
당신은 지금 무얼 하는지
작은 일도 알고 싶어 하는 마음
외눈박이로 살았던 나의 눈이 두 눈을 뜬다
나눌수록 더 다가가 만져주고 싶은
잃었던 나의 분신이었나
하나 된 길을 가니 까르륵 까르륵 웃음이 나고
당신이 사랑스럽다

새로운 우주가 된 우리
참으로 볼 것이 많다
하고 싶은 일도 많다.

병상의 기억

살아있다는 건 온기가 있다는 말이다
익숙한 촉감으로 소통하는 살
살이어서 살가울 수 있었던
살은 살을 안다
생전의 눈웃음과 말장난이
오라비의 따스한 선물
비움의 시작은 살이었다
병상에 누운 환자의 얼굴엔
이목구비의 흔적만 있을 뿐
시들어진 살은 먼 길 채비를 한다
가벼워진다는 건 살을 비우는 일처럼
접혀있던 생의 갈피를 다 펴고
소망했던 생각을 접어가며
가야 했던 길도 내려야 한다
살이 먼저 비움을 알고 내리듯
비움의 시작은 살이었다
어찌할 수 없었던 굴복보다 더한
실망과 좌절과 체념보다
죽음이라는 말보다 무거운 건 없다
가장 깊은 잠이라고
다가오는 어둠을 만나는 중이라

말을 잃고 초점을 잃어버린 눈
입안을 닦아주던 내 손에
지긋이 물어주며 답하는 마지막 대화
몸 굳어가면서도 나 살아 있다고 잇몸이 말한다.

잔치국수

바람 불면 자주 가는
잔치국수집이 있다
비오면 늘 찾는
산자락 아래 농원에 있다
마음의 울타리가 헐어
마음의 지붕이 닳아
비바람에 약해진 나는
목숨 하나 이어 갈 불씨를 찾는다
마음 뎁혀 줄 아궁이 하나 없어
산 밑까지 달려가 바닥을 다 보이는
국수는 나의 불쏘시개
육수는 나의 보약이다
잔치가 그리운 폐허의 집에
비바람에 삐걱이는 소리를 삼키며
후르륵 후르륵 기둥을 세운다
목구멍에 불을 지피며
한 사발의 국수가 된다
힘 빼고 가라고 뜨거운 길이 난다.

두부

당신의 언어처럼 부드럽다
당신의 미소처럼 새하얗다

한 때 부풀어 올랐던 들뜬 청춘처럼
어제 같던 하루를 돌아 나와
무심코 펼쳤던 따뜻한 나라
순간순간을 사랑했다고
다정이 불어나면 연한 추억이 될까
간수의 마지막 경직된 사명처럼
세상 속으로 돌아앉은 신념은 힘이 셌다
당신도 그 무엇을 지키고 싶었던 걸까
적당한 온도를 필요로 하듯
차시도 뜨겁지도 않은
알알이 맺힌 기억들이 깨질 듯 부드러워라
차라리 한 잔 막걸리 같은 동무라면 어떠랴
어차피 허기의 양식이었건만
한 점 살이 되고자 한 세상을 선물한 당신
죽어서도 속과 겉이 하나였다고
믿고 싶은 언약으로 묶여버린 여운
다시 온다고 그대 마음 돌아오려나
지긋이 눌러보는 싱거운 기억.

나무 놀이터

문 열면 푸드득 참새들 날아가는 소리
명자나무 몇 남은 누런 잎이
참새들 몸빛과 닮아
감쪽같이 숨어 놀 수 있는 놀이터다

숨어 부르는 노래나
날아오르는 날갯짓이나
나무 놀이터엔 울타리가 없다

바깥문 열 때마다
들킨 듯 후드득 날았다 다시 앉는
새들의 아우성을 먼저 가신 아버지도 들었겠다
안다고 믿었던 미움으로 불통이 되던 시절
짹짹거리는 새들의 언어가 내 몸짓 같다
맘껏 놀라고 온 몸 내어주던
명자나무 놀이터에
젖은 두 눈이 울면서 놀고 있다.

메주

부서져야 무엇이 되지

적당량의 시간과
적당량의 절망으로 빚어
익어가는 줄 모르게
깊어가는 줄 모르게

몇 고비의 눈물이 빚어
몇 고비의 불면이 빚어

가장 안전한 모양새로
주변은 온통 몸 냄새 가득하다

익어야 제 맛 나는
부서져 제 길 가는
사명인 듯 소명인 듯

매달리며 굳어진
반듯한 체념.

꽃밭에 앉아

예쁜 얼굴을 보면 나는 너그러워져
나의 꽃밭엔 예쁜 얼굴이 많다
어린 아이 같은 꽃봉오리도
활짝 핀 아가씨도
시들어가는 할머니도
모두 가족의 얼굴이다

어제 가신 님
오늘 태어나는 님
내일을 준비하는 님
예쁨이 드나드는 여기도
세상일들이 보인다
상처받지 않는 세상이다.

얼굴 조각상

  시골집 거실에 목각 여인의 얼굴이 걸려 있다 아버지의 지문에서 나온 어느 여인의 옆얼굴이다 저 여인의 얼굴을 조각하면서 무엇을 생각했을까 젊은 날 마음에 두었던 여자일 수도 당신의 엄마일 수도 나의 엄마일 수도 있다는 생각에 아버지의 여자들을 생각한다 사내 같았던 할머니와 화풀이 대상이었던 아다다 같은 엄마들을 내치고 거두며 여자를 위해 열고 닫았을 미닫이문처럼 아버지의 사랑도 피고 지고 무너지는 일로 막걸리 한 잔에 마음을 풀었을 것이다
  가고 없는 아버지의 어떤 여자가 붙박이로 집안에 들어와 있다 옆방의 성모님보다 더 큰 얼굴로 내려다보고 있다 세상 모든 여자늘의 얼굴이있을지도 모를 그리움을 조각한 아버지의 여자들이 하나의 형상 안에 다 들어가 있다.

그네

입장笠場 휴게소 그네에 앉아
입장을 생각한다

떠나야 하는 입장과
보내야 하는 입장 사이에서
느티나무의 잎을 바라보고
새들의 지저귐 듣는다

그늘이고 기둥이었던 입장과
노래하는 새이고 날갯짓 하던 입장
지저귐에 취하고 그늘에 젖었던 날들
잘 어울려 내 것인 양 재미있던 나날들

내어준 그 자리가
오지 않을 자리였음을
새들의 둥지가 떠나간 내 둥지 같다

잠시 내어주고 내어 받던 한 시절이여

입장휴게소 그네에 앉아
흔들렸던 나를 본다.

메밀꽃 길에서

그대와 처음이 마지막이었던 거기
봄날 실려 온 연두 빛 세상
새싹 닮은 초대장을 받았다
미시령 내뿜는 바람결 숨으로
대관령 조각구름 흰 옷을 짓고
푸른 심장모양으로 잎을 달았다
희다는 말이 희 할 때 미소처럼 따뜻해
심장이 된 연두의 두 모음이 사랑스러워
등뼈가 된 대궁마다 붉은 무늬를 그린다
달빛 꽃 빛 쏟아지던 밤
닮은 것들은 부딪칠 때마다 소리가 난다는데
떨어진 꽃들은 재미를 잃어 자잘자잘 아팠다는데
모순 없는 이별은 없어
베개 속 모호함이 소리 내는 밤
별의 심장이 아파 낳은 열매
맴이 아픈 열매가 메밀이래요
열매들의 꿈꾸는 소리 들리나요?
사그락 사그락 뒤꿈치 밟던
처음 봄날의 재미난 꿈.

기차

기적소리 내달리는
고향집 앞 기차는 요란합니다
창밖 풍경은 즐겁습니다
형제에게 베풀라며 어제 가신 어머님
철길 같은 경계 없어 짐을 얹혀줍니다
내일도 핏줄을 싣고 무겁게 달려도
아는 이는 나 몰라라 무뎌지는데
기차는 성실히 달립니다
터널이 나타날수록 아는 이가 늘어날수록
핏줄이 끊어집니다
정차 때마다 내어줄 것이 많습니다
앞만 보고 가려니 뒤가 안 보이고
멈춤도 없어 달리고 달립니다
녹슬도록 닳아진 구간을 읽다
돌아가고픈 처음 정거장을 생각합니다
창밖 풍경은 여전히 즐겁고
기적소리 멋었던 처음 정거장.

원형 탈모

몸이 놀랬다

수없이 그리다 만 얼굴인 듯
꿈에서 만난 얼굴인 듯
놓을 수 없는 기억 숱하게
발버둥 쳤던 흔적
몸도 이미 알고 있었나 보다

밤을 설쳤던 한 겹의 잠과 뒤척임 사이
발라드 소절마다 아파했던 울음 사이
시선이 멈추던 가로수 사이
어디서도 만질 수 없는 당신

끝내 어디선가 숨어 기억하고픈
미련의 꽃자리인 양
마침내 뿌리마저 놓아버린
당신 빠져나간 긴 꿈.

갈담리 처녀

유월이 주는 차분한 저녁위로 부는 바람
낯선 공장 지나 낯익은 느티나무 지나
반갑게 길을 내는 연두 빛이 환하다
숨어사는 갈담리 저수지
일몰처럼 스러지는 친구의 영혼 같다
역으로 뻗던 오기는 그늘로 누웠다
병자의 처소가 있던 자리
벼랑에 매달려 길이 되지 못하고
낡은 오후만이 그녀의 몫이 되었다
뒤집어 보면 뭐라도 나올까
우물이 된 의문들 수북하게 쌓여갈 뿐
누군가의 죽음이 위로로 저물어
다시 눈뜨는 아침
바람 한 번 불면 넘어져 뒤로 가는 해와 달
잡을 수 없는 건 이제 내 것이 아니라 하자
오늘은 여기가 꽃피는 자리
둥글게 펼친 하늘 양산 아래
가장자리 고요를 말고 가는 물 주름이
어제와 다른 자태로 피어나고 있다
고요 다 잠겼는지 흰둥이도 순해지는 저녁.

촉감의 언어

이보다 더 깊은 말이 있을까
말랑한 것도 말이 된다는 것을
뇌리 속 깊이 박히는 언어인 것을

살이 말하는 몸의 말
부드러운 떨림으로 전하는 키스
촉촉한 눈물의 말
수염이 닿는 까칠한 여운
절로 손이 가는 엄마의 젖무덤
혀가 찾는 딱딱한 아이스크림
첫눈에 녹는 차가움
홍시가 느끼는 혀의 말
본능으로 말하는 사내의 눈

부드러움도 따뜻함도
까칠함도 차가움도 말인 것을
이보다 오래 기억되는 말 있을까

숱한 말을 뿌리고 접촉을 한
난 누구의 따뜻한 촉감이 되어줄까.

서리태 한 말

친정 노모의 마지막 검은 콩 농사

콩밭에 뿌린 한숨이
어머니 속 같아서
마음도 겹겹이 어둡다

서릿발 같은 지아비 역성에 타버린 속
서리태 거두며 털었을 것이다

서리 맞은 자식
잘 큰다고 읽었을 것이다
되로 받던 콩이 말로 오니
어머니의 손끝에서 여문 단단함이
든든하게 몇 해를 지켜줄 것 같다

첫 딸에게 주지 못한 사랑
내게 오니 서운했던 마음도 풀린다

밑천이었던 딸을 지키려
검은 눈동자가 왔다
한 알 한 알 눈이 되어 내 눈 속으로 왔다.

마음 말

꽃이 피는 건 힘들어도 지는 건 잠깐이지
함부로 말하는 건 쉬워도 무너지는 건 잠깐이지

흐드러지게 내려앉은 꽃일지언정
주워 담을 수 없는 말일지언정
엎드려 낮은 곳에 머물 줄 아는
꽃잎의 겸손한 위치처럼
중심 잡을 수 있는데
말은 쉬운데 행동은 어렵다지
아픈 생각, 아픈 마음 만져주는
열려 버린 입술과 마음처럼
잘못한 혀 밑에
숨은 상처 위 둥둥 떠도는 혼잣말

곰곰 삭혀 묵묵해 보자
마음 길에서 만난 묵언默言

입 여는 건 쉬워도
마음 찾는 것 또한 한끝 차이라지.

운산 가는 길

언제 왔는지
떼로 몰려나온 구름

구름의 이면은 하늘빛
저런 무리들 본 적이 있다.

근심은 엎친 데 덮치며 온다는 데
떼로 반기며 길을 낸다

가슴속 덩어리조차
구름 떼의 힘 앞에 내 것이 작아진다

무게를 안고 길을 내는 일
내 삶이 구름보다 못한 적 있나

검은 것들 바탕은 푸른 하늘이라고
저 무한함에
풍덩 몸이나 던져볼까.

휴전선

보낼 수 없다고
놓을 수 없다고

치열한 투쟁이었지
부정하고 부인하고
분노했지

하나였던 네가
나눌 수 없다고
갈라질 수 없다고

선하나 긋고 다시 보는
저 너머 내 반쪽.

용인 장날

풀 죽은 어깨가 들썩들썩
닫혔던 두 귀가 쫑긋쫑긋
눈이 돌고 잃었던 미각이 돌고
무디어진 내가 다시 살아나겠다

새끼 내어 담아온 강아지, 병아리, 토끼
온갖 것들 다 모여 툭툭 행인 어깨 부딪혀도
마음 상하지 않는 시골 고향 냄새
엄마 따라 장에 오던 어린 놀라움이 사방에 있다.

밤 까는 기계 앞에서 주저 없이 한 됫박 사 들고
찰옥수수 입에 물고 다녀도 흉 되지 않는 편안함
맥없던 내가 다시 살아나는 파닭 집에 앉아
맥주 한 잔에 목을 축인다.

근질근질 솟아나는 힘
용인 장날에야 나오는 날개의 흔적.

봄으로 몸이 기운다

겨우내 숨죽이며
먼 시간 비집고 나와
들켜 버린 듯 놀란 귀를 세운다
맨 처음 경계에서 머뭇거리는 연두 빛 새싹
태양의 손길이 어루만지는 동안
꽃샘바람의 입김이 부는 동안
흙 속 잠자던 눈꺼풀에 힘이 생긴 것일까
밝아지기 연습이라도 하듯
기울던 몸이 균형이라도 잡듯
환해지고 넓어지는 몸짓
그대 안부가 궁금할 때면
아래로 아래로 길을 내는 뿌리 끝에서
어쩜 봇물 같은 소식이 배달될 지도 몰라
지상과 지하를 잇는 안테나 되어
쫑긋거리는 귀가 될 지도 몰라
혹한의 계절 지나
중심을 세우는 경건한 손짓
겨울에서 봄으로 몸이 기운다
당신 안부를 묻고 싶은 날.

치매

평생 엄마의 손은 한 남자를 위한 손이었다

집기가 날아가고 술 먹어 병든 말들이
송곳 같은 욕설들의 반향이
아파서 금이 간다

종종 걸음으로 꾸려온 집안
웃음 잃어 몸을 잊는다

알약으로 채워진 석회질의 뼈
오늘을 잃어버린 듯 다공으로 피어나
표정 없는 밀랍인형이 되었다

눈을 버리자 귀를 버리자
기능을 상실한 기관들의 혼잣말

놓아야 살 수 있었던
흘려야 살 수 있었던 습관처럼
입술의 마지막 구실
무엇이든 먹어치운다

먹어도 먹어도 채워지지 않는 허기
절망을 대신하던 욕구마저
소화제 가루로 다스리는 몸

제 몸을 먹고 제 혼을 먹고
굳어버린 뇌는 오직 채우는 기능만 남아
살기 위한 흉내로 저녁이 된다
할 일 기다리는 인형이 된다.

소금의 유언

당신의 유언 이후 세상은 소금창고다

바람에 뒹굴고 나온 하얀 몸을
햇살이 따뜻하게 어루만져 주고 있다
소금을 숭배하는 마음 그릇이 환하고
깨끗한 눈길에 아름다운 꽃이 핀다
살아서 간이 된다는 것
몸을 녹이는 일
눈물로 이룬 견고한 계약처럼
까칠하지만 빛나는 당신과
맛깔 나는 세상을 생각한다

해풍에 깊어가는 염전
달빛에 몸 굴리며 뒤집던 밤이 가고
식탁에 앉은 누구의 입에선가
환하게 불 밝힐 준비를 하고 있다.

빛이 되라 소금 되라 하신 말씀
어두운 사람이 운다
싱거운 사람이 운다.

돋보기

가는 곳마다 따라 다니고
두고 온 곳마다 눈 길 가는
애인 같은 더부살이

보이지 않던 당신이
섬세한 글이 되고 내용 있는 문장이 된다

마음 큰 눈으로 문장을 열어주면
큰 눈의 시야엔 보이지 않던 세계

세계로 가는 길이 당신이어서
당신이 잘 보인다.

치통

하얀 잠 두드려 들썩이던 밤
햇살도 구부러진 창가

눈 감은 사이마다
엉겅퀴 꽃이 피어난다

꽃잎처럼 세상은 모두 벙글어도
햇살은 아주 소소한 자리까지
봄날을 허락해 주었다

아무도 걷지 않는 길
피어난다는 건 통증을 안고 가는 길

피 멍 닮은 밤꽃 피었다
톱니 같은 일상이 가시가 될 줄이야

서로가 꽃이 될 때
잎으로 남아주던 근육이었나

향기롭던 시간으로 버티는 날
당신도 내겐 약이었고 가시였다.

어둠이여 안녕

　내 어둠은 이별에 대한 묵념, 가야 할 길을 오래도록 혼자 걸었다. 몸을 달래며 정신을 추스르며 직립을 놓지 않았다.

　파주 외진 납골당에 오라비를 두고 올 때, 선산한 귀퉁이에 아버지를 묻고 올 때, 남자의 모델이었던 가족의 남자들을 생각했다. 같은 성씨의 남자들이 아팠고 다른 성씨의 남자들은 떠나거나 멀리 남았다. 핏줄이어서 아팠던 남자들과 핏줄이 아니어서 아렸던 남자들에게서 형용사가 만발했다. 희거나 검은 빛의 얼굴들이 몸 안에 누워 오라비의 기침처럼 걸어 다녔다.
　풀지 못한 과제를 준 아버지도 밖에서 풀던 형제와 밖에서 풀 줄 모르던 남자까지 해답을 찾던 손의 신경이 끊어졌다. 울다 지친 밤들이 허리까지 차올랐다. 이제는 먼 곳이 된 나의 어둠과 이별할 때 여기까지가 모두 묵념의 대상이었다.

꽃이 피다

지은이 / 李承容
펴낸이 / 金映希
펴낸곳 / 도서출판 土房
2022년 6월 15일 초판 1쇄 발행
등록 1991. 2. 20. 제6-514호
서울특별시 성북구 북악산로 746. 101-1303
전화 (02) 766-2500, 팩시밀리 747-9600
e-mail / tobang2003@hanmail.net
ⓒ 이승용. 2022

ISBN 979-11-86857-17-5 03810